X书店

12 节虚构的语文课

伤害及被伤害

冯军鹤◎著
葛根汤◎绘

北京科学技术出版社
100 层童书馆

假如这里有坚固的高墙和撞墙破碎的鸡蛋，我总是站在鸡蛋一边。

——（日）村上春树[*]

* 出自日本著名作家村上春树（1949—）的《无比芜杂的心绪》，施小炜译，南海出版公司。

在这节课的故事中，有人死了。死者是毫无疑问的弱者，尽管他体型高大，力气惊人，但由于智力残疾，他的生活必须仰赖他人。

不过，读完小说《人鼠之间》，也许你会对以上的哀悼产生质疑。质疑并不是因为他们的死亡不值得哀悼，而是你看到的也许不仅仅是他们的死亡。

第 6 节课 他们不正常吗 / 61

　　一直以来，社会总喜欢赞美正常人的生活。他们有着正常人的举止，正常人的情绪，正常人的关系，甚至正常人的外貌。而远离这些标准的人则会被冠之以"不正常"之名，哪怕仅仅是某一个时刻。

　　也许你便有过这样的遭遇，恰如《小城畸人》中的人物。

第5节课
他们为何死去

我对爸爸说："我觉得你可以看一下这本书。"他刚刚洗过的头发被灯光一照，仿佛湿漉漉的黑树枝上花瓣数点。

"什么书？"他没有抬头。

我走过去，放在他电脑上。他只好笑着看了我一眼，然后拿起了书。

"《人鼠之间》。这名字有点奇怪呀。"

* 美国作家约翰·斯坦贝克（1902—1968）的小说，王晋华译，人民文学出版社。

"你很久没有看书了。整天就知道工作。我敢保证，你会喜欢这本书的。"

"这么自信？"他笑起来的时候，皱纹就会长出来，把眼眶四周画得如同一片荒地。"那好吧，我保证完成女儿的任务。但我得——"他把书放在一边，"先把这些工作处理了。"

走回房间，写完最后一份作业。该睡觉了，但我脑海中依旧缠绕着这个故事。莱尼死了，是乔治开的枪。柯利的妻子被莱尼误杀。是谁的错呢？谁应该为这些死亡负责呢？我不禁想到了《悲惨世界》。当芳汀死去的时候，我也难受极了。但我清楚谁应该为此负责。芳汀轻浮的男友，恶毒的旅馆夫妇，甚至当时冷漠的法国。但是，《人鼠之间》里的恶人是谁呢？难道是农场主吗？

关了灯，夜晚的黑色，像是故事的结尾。

几天后，我们的第五节课开始了。

"坦白地说，我非常期待这节课。《人鼠之间》是我最喜爱的作品之一。我也很想听一听你们阅读之后的感受。昊然？"

"很喜欢。我基本上是一口气读完的。故事没有太多废话，很流畅。首尾呼应，写的都是同一个地方类似的风景。虽然故事结尾很惨，但我觉得很美好。里面……"

"什么？你说很美好？"王渺发出突然的喊叫。

"是的。我觉得基本上除了柯利一家子，其他人都很友善，也都在为别人着想。甚至最后乔治开枪，我觉得也是为了莱尼。故事当然是一个悲剧，但里面的善恶对比不是很明显。"

"那你也不至于说很美好呀。老师，我想说一下我的看法。"

马老师点了点头。

王渺继续说道："说实话，我不喜欢读这么惨的故事。虽然我被吸引了，但读的过程很难受。当然，不考虑我的个人感受，我会说这是一部很厉害的小说。李昊然刚才提到的首尾呼应，就能看出这篇小说在结构方面下了很多功夫。里面还不断谈到他们的梦想，出现了三四次吧。很像是音乐中不断出现的节奏型。"

另外几个人举起手，等待着。我犹豫了一下，刚把手扬起来，马老师就喊了我的名字。

"模仿一下网上打分的机制，我会给这本书打五星。这部小说很朴实，文字比较简单，但对于社会不公的描述却如此有力。农场上的工人都不坏，却被迫相互伤害。那么美好却简简单单的梦想，怎么就越来越远了呢？是命运？还是社会制度？抱歉，我感觉自己没怎么想清楚，但是读完以后情绪真的很强烈。"

"我很希望让每个人都分享一下，但时间真的不允许。很高兴听到有人喜欢这部小说。它究竟好在哪里呢？有人提到了细节，有人提到了结构，有人提到了悲剧的力量。上节课聊《活着》的时候，我们谈到了小说形式方面的种种设计，以及这些设计是如何促进内容的表达的。我们也会以同样的方式对待《人鼠之间》。现在，让我们先回到故事的结尾。刚才昊然也提到了，乔治开枪打死了莱尼。还记得这个瞬间吗？"

屏幕上映出一段文字。马老师轻声读着。我闭上眼睛，一边想象那个画面，一边断断续续地抓住马老师的声音：

乔治拿起了手枪……他拿枪的手剧烈地颤动……他扣动了扳机……莱尼的身子抖动了一下，然后慢慢地朝前倒在了沙地上，一动也不

动地躺在了那里。

　　"当你读到这个结尾的时候，你的反应是什么呢？现在大家的桌子面前有一套色卡。"

　　她停顿片刻。我们所有人把色卡拉到自己面前，动手翻看起来。这是一套中国传统色卡，上面的名字充满了古典韵味，比如"青莲色""缃色"。

　　"我希望大家回顾自己阅读这个结尾时的情绪。你心里可能会浮现出一个词语。但我们暂时跳过词语，我希望每人选择一个颜色，用颜色来代表你的情绪。"

　　有趣的转换。我的目光扫过一张张干净的卡片，在色彩的微妙变动中重新回到故事。

当莱尼倒地的时候，我是痛苦的，但痛苦之余还夹杂着很多难以名状的反应。愤怒？然后却又觉得无奈？我的目光被一个名字吸引：枯竹褐。枯萎的竹子，是死亡的时刻，但也是逃避不了的命运。褐色是鲜血凝固之后的颜色……

马老师让我们把选择的卡片举起来。一片色彩的碑林。

"接下来，你们自由地相互分享一下理由吧。"

李悠悠选的是松烟灰。

"其实，我最痛心的时刻是莱尼杀死柯利的妻子。我既为这个女人悲哀，也为莱尼将要面临的命运悲哀。他一定会死的。他已经逃脱过一次追捕，小说不会让他逃脱第二次。所以，当乔治开枪的时候，我觉得这对莱尼其实是一种解脱。他不会再犯错了，也不会再给乔治带来麻烦了。所以他的死对我来说就像一缕轻烟，一缕白悠悠的、最终溶入天空中的轻烟。这个片段真正复杂的地方在乔治身上。他开枪的时候，一定是痛苦的。但痛苦之中难道没有一丝解放吗？"

"不，"这样的表达让我有点不舒服，"乔治杀死莱尼的时候，他没有解脱。相反，他其实也把自己杀死了，把自己的梦想杀死了。还记得在谷仓里，乔治看到柯利妻子的尸体那一段吗？坎迪问他我们的梦想怎么办，他说他们一样可以去买那块地。但乔治的反应是一种幻灭。他说他会像其他人一样，赚到钱就花掉，去妓院，去台球室。小说中，乔治和莱尼不断说，我们不一样，我们有梦想。但等这件事发生的时候，乔治知道，他们都一样，每个人都得失去梦想。"

悠悠没有说话。

很多人都围着洪乐。他高高举起的卡片在一片暗色中显得格外鲜艳。那是一张"云水蓝"。

"注意这个结尾前面的片段。刚才李昊然和王渺都提到了。对这个山谷的描写。山谷是那么平静，那么美丽，那么冷漠。对吧？莱尼死了，是他最好的朋友，最信任的人开的枪。这多么残忍。但是山谷没有任何变化，还是那么平静，那么美丽，那么冷漠。所以，我选择云水蓝，代表着这样一种残忍。不仅仅天空对死亡无动于衷，农场的其他人一样无动于衷。乔治杀死莱尼后,斯林姆……"

白江宏站在我旁边。他手里的卡片上写着"后土"。我问他为什么。

"后土就是大地嘛。其实也没什么特别的。一方面,我觉得莱尼就像大地一样,也可以说像一个孩子一样,他是小说中最包容的角色。还记得吗?卡鲁克斯的房间,多少年了,几乎没有白人走进去过,除了斯林姆。但他去是因为工作。莱尼是第一个。他很笨,他智力残疾,但是他因此很单纯,很善良。所以,我觉得是这个世界配不上莱尼。归于大地也许是他最好的选择。你选了什么?枯竹褐?"

我说了我的理由。

"这个方法还蛮有意思的。情绪是抽象的，色彩也是抽象的，还挺搭。"白江宏说。

马老师让大家回到座位。

"刚才很多人在分享的时候，既谈到了莱尼的死，也谈到了乔治的选择。乔治的选择意味着什么？他究竟有没有自私的一面？我相信大家的判断一定是不一样的。我们来迂回一下。读到这一段的时候，你有没有想到小说中另外一段文字？两段文字之间有着隐秘的关联。不知道有没有同学……"

"坎迪的狗！"李昊然不等马老师说完，大声喊了出来。马老师便停下来，等他继续说下去。

他快速翻动着小说。我忍不住说道："坎迪的狗被枪决的方式和乔治枪杀莱尼的方式一样。"

"找到了，"李昊然沮丧地说道，"是卡尔森说的。"

他看着马老师。

"那请昊然读一下吧。"

仿佛约好似的，屏幕上随即展示了这一段文字：

卡尔森并未就此罢休。"你看，坎迪，它自己活着也受罪……

我在这里停住，不由自主地想到，人类总是以类似的理由对动物施以暴力：反正它们没有感情，反正大自然就是这么残忍，反正……

……就是这个地方，它会走得毫无痛苦的。"

怎么可能毫无痛苦呢？

"所以，乔治为什么选择以同样的方式枪杀莱尼呢？"马老师问。

"他不希望莱尼痛苦。"冉思睿说。

马老师点点头。"一个微妙的细节。请大家评价乔治的时候，把这个细节考虑进去。既然来到坎迪的狗这里了，我们就聊一下这个可怜的小动物。梁少楠，还记得为什么要杀死这条狗吗？"

"因为它老了，没用了，而且浑身都有一股难闻的气味。"

"那作为主人，坎迪有什么反应呢？"

"他不愿意他们杀死这条狗，但他无能为力。最后，这条狗就被卡尔森枪杀了，用的就是这个方式，在后脑勺这儿。"

"老师？"洪乐喊了一声。

"你说。"

"在后脑勺开枪，这不是电影里经常出现的枪杀死刑犯的方式吗？"

"是吧。所以呢？"

"这里面有没有一种关联呢？象征着莱尼和那条狗就像是俘虏一样。或者说……"他思考着，"他们就像是囚犯，被困住了。而行刑者代表着一种更强大的权威，就像警察一样。"

"你可以继续顺着这个方向思考。也许，可以回答刚才沈青的疑问，到底是什么造成了悲剧。不过，我们继续回到狗身上，回到主人坎迪身上。刚才的分析，让我们看到了老狗和莱尼的某种对应关系。现在，我想给大家分享小说中的几个片段，请你进一步感受一下小说不同人物之间的关联。"

屏幕上出现这么几句话：

卡尔森是对的，坎迪。这条老狗活着对它自己都没有任何好处了。要是我老了，腿也瘸了，我宁愿让人开枪打死我。

临了，卡尔森终于开口道："如果你同意让我做，我将帮这个老东西解除痛苦，叫它不再受这份罪。它活着已经没有任何意义——东西不能吃，眼睛看不见，四肢僵直疼痛得难以走路。"

他满含着痛苦说："你们今晚也看到了，他们对我的狗做了什么？他们说，我的狗活着对己对人都没有任何用处了。在他们把我从这儿辞掉以后，我真希望有人开枪打死我算了。"

马老师让三位同学依次朗读了三句话。读完之后就把大家分成了三个小组。

"来吧，聊一聊，你们从这几个片段中读出了什么。"

分享的时候，王渺小组的发言最精彩：

"这三个片段让我们看到了命运的相似性。三个人物，哦，不对，应该说三个角色被放置在了一起：坎迪、他的老狗和莱尼。坎迪两次都说'希望有人毙了我'。等他老了没用了，就像他的那条狗一样，他只能死去。第一个片段是斯林姆说的。坎迪最敬重斯林姆。但斯林姆说，我要是老了还残疾，也希望有人毙了我。这简直就是在说坎迪。坎迪老了，也是残疾。两个角色几乎完美地重合在一起。这大概也是坎迪为什么舍不得老狗的原因吧。而他们共同的命运，死亡的阴影，又让他们三个——坎迪、老狗和莱尼重合起来。他们都是弱者，都没有反抗的力量，只能选择接受残酷的命运。哎，这本书真是比《活着》还要苦呀。"

有人叹息，有人摇头，有人面无表情。

"谢谢小组的发言。大家都发现了存在于三个角色之间的关联。我们不妨再往前一步。除了都是弱者，没有反抗的力量，他们三者还有什么共同点呢？"

"都残疾。坎迪的手断了，老狗的腿断了。而莱尼，是智力残疾。"

"他们还都是边缘人。因为不够正常，所以没办法进入像卡尔森、斯林姆等人组成的圈子。乔治就可以进去。"

"还有吗？"

"他们都需要依附某个人？"田芳不太确定地说道，"比如莱尼依赖乔治，老狗依赖坎迪，坎迪依赖……"

"坎迪依赖农场吧。他的手是在农场断的，所以农场让他继续待在这儿。"冉思睿说。

"所以——"马老师拖长了声调，说着，"小说中还有这样的角色吗？残疾、弱者、边缘人。"

"卡鲁克斯。"几个声音不约而同响起。

"卡鲁克斯的后背被马踢弯了。"李昊然补充说。

"他是黑人。那个时代黑人是被歧视的。"

"很好，卡鲁克斯。小说专门为卡鲁克斯设计了一次出场的机会——"

"老师！"马老师的话再次被李昊然打断了。这很不礼貌。

"我又发现了一个共同点，刚才这三个人物，包括卡鲁克斯，他们都被那个梦想吸引了，那个拥有一片土地的梦想。"

"谢谢昊然。因为你这个精彩的发现，我就原谅你了。一会儿我们就会来到你这个发现。但下次，"她倾着额头，盯住了他，"你先举手，稍微等待一下，好吗？或者最起码等我说完话你再发言。"

他笑着点了点头。

"刚才说到哪儿了？哦，卡鲁克斯的房间。小说中，我们来到了卡鲁克斯的房间。小说为什么要带我们来到这个房间？"

"因为莱尼会进入这个房间。"梁少楠回应道。

"然后，他们发生了对话，对吧？那我们来看下面这个片段。"

卡鲁克斯轻声地安慰他道："现在，你或许能明白了。你有乔治。你知道他一会儿就回来了。假如你一个亲人朋友也没有，假如你是个黑人，不能进到宿舍里去玩拉米牌，你会是什么感觉呢？假如你得坐在这里，靠读书打发时间。当然啦，你可以玩投掷马蹄铁的游戏，可天黑以后你就只能坐在这儿看书了。书是没有什么用的，谁的身边……都需要有个人。"
他唱叹道，"如果一个人没个伴儿，他会发疯
的。那个伴儿是谁，并不重要，只要他和你在
一起。""我跟你说吧，"他几乎是喊了起来，
"我跟你说吧，一个人太孤独了会生病的。"

　　"为什么他会对莱尼说这些呢？他们才第一次
见面呀。"马老师在一个空座位上坐了下来。大家
仿佛被她的举动吸引了。

　　"为什么呢？"

　　"老师，您的问题该怎么理解呢？是为什么他
会对莱尼说这——些——呢？还是为什么他会对
莱——尼——说这些呢？重音应该放在哪儿？"王

渺问道。

"都可以。也许你可以都试着回答一下。"

王渺故意咳嗽了一声："那我就试试吧。为什么他会对莱尼说这——些——呢？因为他孤独。他想要把自己对于孤独的感受说出来。他还在表达自己的不公。莱尼有同伴，有人陪伴，但自己没有，仅仅因为他是一个黑人。那为什么是莱尼呢？因为莱尼是个智障。不好意思，"她捂住嘴巴，"智力残疾。莱尼根本听不懂他在说什么。所以卡鲁克斯可以放心的谈论自己，而不用担心莱尼会有什么反应，或者把这些话传出去。我觉得卡鲁克斯基本上是在和自己说话。嗯，还是无可救药的孤独在起作用。"

然后是白江宏："可能还有一些微妙的东西在起作用。在卡鲁克斯和莱尼的对话中，我们除了能够感受到这种孤独，对于不公正遭遇的愤怒，还能感受到他的机智、骄傲，甚至嘲讽。让我们进入卡鲁克斯的位置来感受一下吧。作为黑人，仅仅因为肤色，就被排斥、贬低，哪怕他也许是农场上唯一读书的人。但现在，面前的这个白人，这个可笑的傻大个，却这么愚笨。卡鲁克斯会难以避免地产生一种优越感吧。但是马上，这种优越感就会被随之而来的更大的愤怒淹没。连他，这个脑袋瓜不正常的人，都比自己拥有更多特权。凭什么？所以，我想，正是这样的情绪，才会让卡鲁克斯在随后的对话中折磨莱尼。告诉他，乔治会抛弃你。你迟早会和我一样孤独。"

"谢谢江宏。我很喜欢你刚才的倡导，进入卡鲁克斯的位置。我觉得我们在阅读中都应该具有这样的能力，来理解我们的角色。也许王渺和江宏刚才的分享可以帮助我们打开这个角色，让我们看到他的复杂和变化。刚才昊然提到，卡鲁克斯也被他们的梦想吸引了。但是后来呢？又会有什么变化发生？请大家在脑海里回顾这段情节。柯利的妻子来了，对吧？思睿，能不能展开说一下，柯利的妻子到来以后发生了什么？爆发了一次冲突，很好，很清楚。昊然——安静一下，好吗？所以，这次冲突会对卡鲁克斯造成什么影响呢？接下来，我们具体看一下这两个片段。"

卡鲁克斯被整得服服帖帖的了。在他身上，已没有了个性、没有了自我——没有了个人的喜好。他说："是的，夫人。"他的声音呆板，毫无生气。

坎迪和莱尼起身往门口走。卡鲁克斯叫了一声："坎迪！"

"嗯？"

"别忘了我跟你说的，我可以锄地，干各种杂活儿的。"

"哦，"坎迪说，"我记着呢。"

"好，你把它忘了吧，"卡鲁克斯说，"我只是说说而已。开个玩笑。我不想去你说的那个地方。"

"这个时候的卡鲁克斯，和刚才的卡鲁克斯不一样了。发生了什么呢？该如何理解他的这种变化呢？洪乐？今天你有点安静呀。"

"老师，是因为大家说的太精彩了。我只顾听，忘记发言了。"

大家发出一阵笑声。

"发生了什么？我觉得可能是柯利的妻子说的那些话吧，伤害到卡鲁克斯了。我们来看屏幕上这段话，"他的声音突然扬起来，"他身上没有了个性，没有了自我，没有任何东西会引起别人的喜欢或反感。然后，连他的声音也变得毫无音调起伏。这一段话可以看出卡鲁克斯把自己的锋芒收起来了。柯利的妻子是有权利让他离开的。为了保护自己，他只能当一个弱者，虽然他不满足于成为一个弱者。"

"最后一句很有意思，他只能当一个弱者。悠悠？"

"我觉得卡鲁克斯好可怜呀。像洪乐说的，这种后退确实是一种自我保护。但他的后退之所以让人心疼，是因为我们都能感受到，这真的不是一种策略。不是忍辱负重、有朝一日东山再起那样的决定，而是真正的、内化的退缩。在他此刻的认知中，他就是一个小角色，就是一个被排斥的人，永远也不能和白人一争高下。在柯利的妻子离开后，他沮丧地说，他刚才一不小心就忘记自己是一个黑人了。真是让人不能忍受的自我判断呀。

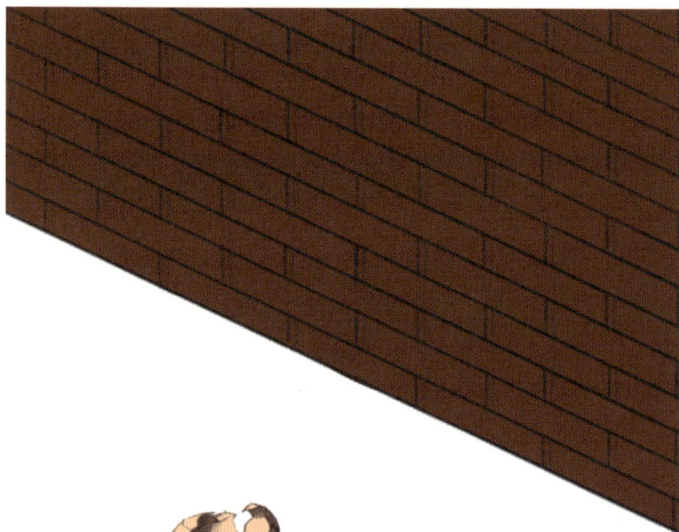

甚至，像第二个片段表达的那样，他都不配拥有梦想。作为黑人，他没有资格做梦，不管这个梦想是近还是远。这就是我站在他的位置感受到的。"

"谢谢悠悠走进了卡鲁克斯的内心。黑人的故事也总是能够打动我。也许就像村上春树说过的那样，高墙与鸡蛋，我永远站在鸡蛋这一边。"

"老师？"李昊然像一个孩子，"什么鸡蛋，什么高墙？"

很多人看着马老师，期待她的解释。

马老师从书架上抽出一本书，放在身边的一张桌子上。"如果你感兴趣的话，答案在这本书里。但我们现在要继续回到《人鼠之间》。至此，我们已经关注了四个角色，他们是作者满怀同情写下的弱者：坎迪、那条狗、莱尼、卡鲁克斯。那么，这个角色，可以和他们放在一起吗？"

屏幕上出现了一个女人的肖像，是一幅彩铅画。她的嘴角饶有意味地向上挑着。

是柯利的妻子。交谈声翻动起来。悠悠和王渺在讨论这幅画的笔法。

"所以，柯利的妻子也是小说中的弱者吗？你会同情她吗？"

"我觉得她不是弱者吧。她是农场主的儿媳妇，算是特权阶级了。"洪乐率先发言。

"那么说，你不同情她咯？"

田芳举手了："老师，虽然她死了，但那是个意外。今天的法律不是说精神病杀人不算犯法吗？莱尼也不需要负法律责任吧。"

另外几个人举起手。马老师双手向下按，按住了那些扬起的手臂。

"我猜到了大家会在这里发生分歧。我在之

前的课堂上也遭遇过这种分歧。粗暴地总结一下，大致有以下这两种观点。大家看一下，然后告诉我，你自己是偏向于 A，还是偏向于 B。"

屏幕上出现了两段文字：

A. 我觉得柯利的妻子是一个轻浮放荡的女人。是她勾引了莱尼，让他犯下错误，从而引起了后面一系列的悲剧。虽然她死了，但我没办法同情她。

B. 她可怜而又孤独，是唯一的女性，不被农场上的男人所理解。她也有自己的梦想，但一切都破灭了。她的死是一个悲剧，令人同情。

"一个是同情，一个是不同情。当然，你不一定认同每一句话，但多多少少都会偏向于 A，或者偏向于 B。想好了吗？如果是 A，请站到我的左侧，如果是 B，请站到右侧。"

有人站在自己的座位上，犹豫着。我来到右边，靠在书架上。

"老师，我可以选择中立吗？"是王渺。

"那你站在我对面吧。"

最终，我、悠悠、彭子涵，还有李昊然、白江宏站在了右边，田芳和洪乐以及梁少楠站在了左边。

"下面我们就以辩论的形式来分享自己的立场，双方轮流发言。但是我希望我们的讨论和理由都是从小说出发的。毕竟柯利的妻子存在于书中，而不是生活在我们身边。谁先开始呢？"

白江宏从桌子上拿过书本。其他人纷纷效仿。悠悠举手，辩论开始了。

"我明白对方的立场，柯利的妻子在他们眼中是有道德瑕疵的。但是我们能不能先审视一下这种道德判断呢？柯利的妻子做了什么？她出轨了吗？"有笑声响起。

田芳趁着笑声接了过去，"也许她没有出轨，但谁知道呢？这是很有可能发生的事情，毕竟在小说里，她总是勾引男人。无论是穿着打扮，还是行为举止，她都挺糟糕的。"

"诶——"是王渺，"我可就听不下去了。一个女人喜欢打扮的好看一点有错吗？"

"当然没有错。但从小说中的描述可以看出来，她打扮那么妖艳，是为了吸引男性靠近自己。她都结婚了，不应该总是动不动就去找男人吧。"

"刚才老师说了，我们要从小说中寻找证据。让我们看一下她**勾引**男人的所谓证据，"我努力控制住自己的激动，"这个词语从哪里来的呢？还有荡妇、婊子。他们都来自男人，来自坎迪，或者乔治。而她自己是怎么说的呢？来，请翻到——第93页。她说平常都没人和她说话，她孤独得很。还有后面，她生气了。'我怎么了？'她怒吼，'我没有权利跟别人说话吗？他们把我当成什么了？你是个好人。我不知道我凭什么不能跟你说话。我又

没伤害你。'

"所以，柯利的妻子那么孤独，她需要交流。而整个农场，就我们读到的而言，只有她一个女人。她如果想说话，只能和男人说话。卡鲁克斯孤独，我们就同情他。柯利的妻子孤独，就要遭受鄙视吗？"

惨了，我还是没有控制住自己。空气中弥漫着不舒服的紧张。

洪乐咳嗽了一声，缓慢地说道："我接受你的看法。我也觉得我们不应该看待任何问题都带着性别偏见。但还有一点，也是从小说中能够感受到的，就是柯利的妻子对待卡鲁克斯的刻薄。刚才的讨论中，我们在同情卡鲁克斯，作为一个弱者，他像一只乌龟那样缩了回去。谁造成的？柯利的妻子。"

子涵坐在最右边。她轻声对我们说："让我来。"

"我想请对方清楚一点。我们也不认为柯利的妻子是一个完美的人物。她会犯错，会伤害别人，像大部分人一样。我们讨论的是，她是否需要为自己的死负责。洪乐同学刚才的批评合理吗？我承认柯利的妻子做错了。但是同样的事情，坎迪不是也做了吗？他当面说她是一个娘们儿，说她的脑袋比鸡头大不了多少。尤其，在背地里，他那样侮辱柯利的妻子。公平吗？"

她停顿了一会。当然，没人回应。

"而这个世界，这个男人的世界又是如何对待小说中这个唯一的女性角色的呢？大家注意到了吗？她是小说中唯一没有自己名字的人。大家都叫她柯利的妻子。我专门找了一下英文版，Curley's wife，甚至不是 Mrs Curley。所有格，仿佛她是柯利的附属物一样。但她自己说了，她不喜欢柯利。有人在乎吗？没有。就因为她是一个男人的妻子，她就失去了和异性说话的权利。"

这时，王渺已经走到了我们身边。等子涵说完，她开口了："我要放弃我的中立立场。我刚才突然想到我们总结的前面四个角色的共同点。李昊然提到说，他们都进入了那个梦想。我突然意识到，除了那四个角色，以及乔治外，小说中唯一谈及梦想的，就是柯利的妻子。而她谈论完自己的梦想没多久，就被杀死了。这一点是我尤其不能忍受的。"

大家沉默了。马老师让我们回到自己的位置上。

"也许刚才不应该强调这是一场辩论。这个话题似乎也不应该成为辩论的题目。我觉得这样讨论的结果不是为了让某一方说服另外一方，而是提供更多细节，小说中的细节，或者感受人物的方式，让我们因此更近距离地靠近某一个角色。其实，不仅仅大家会做出这种判断，作者有时候也会忍不住流露出判断。让我们跳出刚才剑拔弩张的氛围吧，来到作者的位置上。想一想，小说中有没有什么地方能够让我们感受到作者的情绪，或者严谨一点，叙述者的情绪，如果大家不太好理解这个词语，不妨暂时认为是作者的情绪。"

"老师，什么意思呀？作者又没有出现在小说中。"是洪乐的大嗓门。

"那你就想一想，有没有什么时刻，小说中的某个人物出现的时候，没有其他任何角色在场。我们只能认为是作者的眼睛在看。如果有叙述的文字流露了某种情感，我们也只能认为来自作者。"

大家开始翻书。

"老师，我觉得是这一段。"悠悠读了起来。读过一句话之后，屏幕上仿佛再次共谋似地出现了这段文字：

柯利妻子的身体有一半被黄色的干草盖着。她的卑俗，她的那些小小的打算，她的不满和想要引起他人注意的渴望，都从她的脸上消失了。现在的她看上去十分漂亮和单纯，她的面庞可爱而又年轻。她涂过脂粉的脸蛋和抹过口红的嘴唇，使她显得仍富于活力，像是刚刚睡着了一样。那些像是小香肠似的卷发披散在她头后面的干草上，她的嘴唇略微张开着。

"谢谢悠悠。思睿，我们能够从这段话中感受到作者的什么情感呢？"

"一种惋惜吧。"

"从哪里可以看出来？"

"她的卑俗，她的那些小小的打算，她的不满和想要引起他人注意的渴望，都从她的脸上消失了。以及后面说她看上去漂亮和单纯，面庞可爱而又年轻。"

"所以作者是同情这个女人的死亡的，对吧？"

"一定是同情的。"

"好的，谢谢。所以，作者流露的情感像是一个提醒。我们常常会不由自主地根据个人经验判断一个角色，或者判断我们身边的其他人。但刚才的这个片段或许能够让我们反思，文学阅读中，也许理解，比判断更重要。有了理解的姿态，才能看到更多内容。"

她看了一眼墙上的钟表。

"哎哟，很抱歉，已经超时十分钟了。"

"没事儿，老师。"李昊然大方地说。

"谢谢您的原谅，"马老师在笑声中故作正经地说道，"这本小说还有很多可以谈论的地方。大家感兴趣的话，可以在群里继续交流。下周，我们要阅读另外一本美国小说。"

马老师举起的书封是玫红色的。

"《小城畸人》。这本书的内容比《活着》还有《人鼠之间》多一些。如果时间允许，当然希望大家能够读完。不过我们的课堂讨论也有限，所以平衡一下，请大家最少读到第94页。我们的课堂讨论也主要以这部分内容为主。

"好了，再次为占用大家的时间道歉。祝大家周末愉快。"

我想起了那本书，便拿在手中，然后在书店读完了《无比芜杂的心绪》中关于高墙和鸡蛋的文字。合上书本的时候，我看见爸爸发信息告诉我做了晚饭。

回到家里的时候，饭菜当然已经凉了。爸爸坐在沙发上，正在阅读《人鼠之间》。

"这本书怎么样？"

"很不错。你看我眼眶都湿润了。"

我白了他一眼。

"老爸，你觉得写作的目的是什么？"

"这个问题有点大呀。你让我这个理工男思考这个问题，是不是有点难为我了？"

"就从你自己的角度想一想嘛。"

他合上书，身体向四面扭动起来。骨骼轻微的错动声像是要吱吱呀呀地裂开。

"我大学还是喜欢读书的。现在因为工作，真的很久没有看书了。一个人选择写作肯定有很多理由，就像阅读一样。今天为了完成你布置的任务，我把手机关了才读进去。读了一个小时，站起来走一会儿，到阳台上看一看远处，观察小区里走来走去的人群，有一种难得的愉悦感，好像突然有了生活。所以，为什么写作呢？从我的体验来说，是让某种被忽略的东西展示出来吧。"

"真是一个不一样的沈彦斌。这样的你多可爱呀。别整天只顾着工作，和我一起多看几本书吧。"

他苦笑着，说："我尽力。那你呢？你觉得写作的目的是什么？"

"我今天读了村上春树的一篇文章。上面的一段话让我很有感触，也和我阅读《人鼠之间》的感受类似。我抄下来了，读给你听：

我写小说的理由，归根结底只有一个，那就是为了让个人灵魂的尊严浮现出来，将光线投在上面。经常投以光线，敲响警钟，以免我们的灵魂被体制纠缠和贬损。这正是故事的职责，对此我深信不疑。不断试图通过写生与死的故事、写爱的故事来让人哭泣、让人惧怕、让人欢笑，以此证明每个灵魂的无可替代性——这就是小说家的工作。我们为此而日复一日地认真编造故事。"

阳台上的灯亮着，打下一片白光。蝴蝶兰在开花，紫红色的花瓣轻悠悠地晃动。夜晚起风了。我翻开《小城畸人》玫红色的封面，读着扉页上的题词：

谨以此书纪念我的母亲

艾玛·史密斯·安德森

她对周遭的洞察唤醒了我，

使我渴望去生活的表面之下一探究竟

第 *6* 节课
他们不正常吗

已经十月了，南方依旧温热。在书店附近，我发现了一条狭窄的小径，掩映在一排老旧的房屋和缓缓升起的草坪之间。黄昏时候，这条小径几乎没有人。透过高处的枝叶，轻黄的日光破破烂烂地洒落在铺地的红砖上。远处的喧噪声弱了，被叶子阻隔了，小径和草地安静得像一个夜晚。偶尔，一个慵懒的人影摊在草坪上，闭着眼睛，好像睡着了。

　　我提前一个小时到了这里，也慵懒地躺在那儿。耳朵里是慵懒的音乐。

　　几乎睡着了，突然身边出现了轻微的扰动。我睁开眼睛，发现马老师坐在了我身边。她身体向后仰着，双手按住草地。她问我为什么参加这次课程。我说，学习太累了，总得有点开心的事情。她说，你应该学习很不错吧。我说，还行吧，勉强能够考上四大。什么是四大？就是这里最好的四所高中。她不说话了。

　　我趁机坐起来。马老师，我犹豫着，但还是继续问道，你说人为什么要这么努力呢？马老师把身体摆正了，仿佛这是一个严肃的时刻。那你理想中的生活是什么样的？我不知道，我还小，对于未来没有太多想象。但是，我经常感到很累，我就想，是不是我的生活出问题了？马老师又把身体落在草地上，双手紧紧地压着青草的叶子。

我不知道你的生活是不是出问题了，但我觉得，我们不应该那么累，这和努力没有关系，人需要努力，但不应该陷入疲惫，如果你真的有压力，甚至累到难受，就需要调整一下，是学业的问题吗？

我不知道，学习压力很大，作业很多，但我没得选吧。

她沉默了一会儿，然后缓缓地，像是不确定地说道，没有什么比生命更重要，包括学业。但

如果你觉得学业没得选，为什么一定要坚持上这个额外的课程呢？这是可以选择的呀。

我被问住了，沉默了一会儿，手里拨弄着一段枯枝。也许，我说道，就是因为没有什么比生命更重要，包括学业。她笑了，躺落在草地上。

这时候，一个行人走过。天空中也刚好有一朵云，唯一的一朵。马老师站起来，说我们该走了，然后她拍打着衣服，漫不经心地说，有些事情，做不完就算了，尽力就行，学习又不是为了完成作业。

开始上课了，马老师提醒我们把《小城畸人》拿出来。玫红色的封面有些耀眼，如同一团团

---

*美国作家舍伍德·安德森（1876—1941）的小说，陈胤全译，天津人民出版社。

火苗，但其中一本却是亮黄色的。王渺这才发现自己买错了版本。马老师说没关系，然后转身从书架上取出玫红色的版本，递给她。

她过分挺直的身体这才如释重负地落了下去。"好了，我们回到这本书吧。先来调查一下，哪些同学读完了整本书？"

四个人举起手，包括我自己。白江宏没有读完吗？

"那么，其他人起码读完了前面一百页左右的内容了吧？"

"那必须的。"李昊然喊道。

与马老师目光相接的瞬间，其他人依次点头。

"这样，我们这节课就能聊起来了。我想先听大家谈一谈对这本书的评价。这样吧，如果满分是十分，你觉得你会给这本书打几分呢？思睿？"

"七分？说实话，我觉得这本书还蛮有意思的。一个故事讲述一个奇怪的人，也就是标题里的畸人。作者很准确地把人物的扭曲心理写出来了。但我在读的过程中有点不舒服，或者说，有点堵得慌。"

有人举手。马老师叫了梁少楠。

"我最多给六分吧。这并不是我喜欢的故事类型。一个那么小的地方，在作者的描述下好像每一个人都很不正常。温士堡也变成了一个充满压抑的小镇。太不符合现实了吧。有黑暗也肯定有光明，有罪恶也一定有道德。为什么只刻画某一个方面呢？而且小说的结构也有点奇怪，乔治·威拉德在很多篇目中都出现了，有时候重要，有时候似乎只是一个配角。我不太懂这样设计的目的是什么。"

"还蛮让我意外的，大家对这本书的评价都很低吗？"

有人把手举得更高了。是王渺。

"我给满分。这是我非常喜欢的作品。虽然咱们的版本不一样，但我觉得大概不影响判断吧。为什么给满分呢？因为恰恰相反，我觉得这本书很现实，"她看了梁少楠一眼，"小说给我们展示了很多人物内心的痛苦，或者那种病态的心理，但这仅仅是展示给我们读者的。不要忘了，在小镇居民面前，他们并不一定会展示出自己的这一面。在小镇上，大部分人都很正常，而因为我们是读者，看到了他们的秘密，才发现这些人都不正常了。这不是很好玩吗？我觉得自己就是这样。在人群中一本正经，但只有我自己才知道这里，"她把手放在自己胸口，"有多少秘密。"

"谢谢王渺的坦诚。她回应了少楠其中一个观点。当然，什么是现实，并没有答案。不过也许我们可以思考的另外一个问题是，**文学一定要反映现实吗？**这同样也是一个没有答案的问题。但没有答案不代表就没有了思考的必要。不过，这些都留给你们之后的阅读吧。现在我们回到这本书。刚才少楠实际上还提出了另外一个观点，关于这篇小说的结构。实际上，不仅他有这个困惑。很多读者也有。这个问题可以这样转换，这本书是一部长篇小说，还是一部短篇小说集？在英文中，长篇小说是 novel 这个单词，短篇小说集是 short story collections。这两个表达都曾经用来定义这本书。所以，他们的理由分别是什么呢？我们先找一个同学帮我们澄清一下吧。沈青？"

我猛地抬起头。

"你觉得长篇小说应该具有什么特点？"

"应该是一个整体，有连贯的情节，同时也有连贯的人物。然后……"我犹豫着，"没了吧。"

"既然你读完了，那你觉得这本书算是长篇小说吗？"

"我觉得不算吧。每一个故事都有明确的开始和结局，有自己的主人公。彼此之间关系也不是很大。"

"有谁觉得这是一部长篇小说的吗？"

彭子涵缓慢地把手举了起来。"虽然我说不清楚该如何定义长篇小说，但这本书中的一些东西，却让我更愿意把它当作一部长篇小说。首先重要的是各个篇章共同分享的东西，也就是小说的主题，畸人，或者古怪的、不正常的人。小说的第一篇——奇人与奇闻：《畸人传》缘起，甚至伪造了一个作者，也和我们分享了小说中的人物变成畸人的原因。这个东西好像是一根铁丝，把所有人物和故事都串在了一起。同样被串起来的人物还有乔治·威拉德，少楠已经说过了，乔治不断出现在各个故事中,他的身份是一个记者。所以，让他去见证畸人们的故事，不是很恰当吗？小说前面几篇不断提到威拉德想要离开小镇温士堡，而小说最后一篇恰好是他的启程，这也在结构上形成了一个回环。甚至，我都怀疑乔治就是缘起中的老作家。这样的话,把这本书当作一部长篇小说，也就说得过去了吧。"

我数次点头。子涵看到了。

"子涵给出了几个很精彩的理由。这些理由也是这部作品本身非常值得关注的地方。所以你们看，怎么称呼它也许不是最重要的，最重要的是背后的依据和因此对这本书产生的认识。本来我没有想和大家谈论这个问题。真是意外的收获。

"不过，我们得尽快走入具体的故事才行。这节课我们只能走进两个故事。第一个是《手》，也就是缘起之后的故事，或者说是这本书第一个正式的故事。但在走进《手》之前，《畸人传》缘起中的两段话可不能遗漏。通过这两段话，我们可以更清楚地看见这本书的主题。刚才子涵提到了这一点。大家都知道是哪两段话吧？"

有人开始翻动书本。有人微笑。我的目光在文字间流转。不一会儿，屏幕上出现了一个片段。刚刚打开书本的李昊然抬起头，发出会意的一声长叹。

世上本没有真理，只有各种各样的想法。人们拿许多还不成熟的想法拼啊凑啊，造成了真理。然后真理越来越多，充满了世界的各个角落。所有的真理都很迷人。

我猜到了另外一段。

马老师望着摇头晃脑的李昊然，问道："昊然，为什么这句话重要？"

他低头，然后抬起头："因为这就是这个序言中提到的那本书，其实也就是我们读到的这本书的中心思想。"

"序言，这是序言吗？"

"伪装的序言？"

"那还差不多。不过你说里面提到的《畸人传》，就是我们读到的这本书，这个表述恰当吗？"

　　李昊然抓耳挠腮地晃动着，十足的一场表演。

　　"去掉这个序言，后面的内容构成了《畸人传》，加上这个序言，整本书就叫作《小城畸人》。"他郑重地说道。

　　"好的。难为你了。不过，最后一个问题，刚才子涵说，这篇文字里告诉了我们正常人变成畸人的原因。但是屏幕上的这段话似乎看不出来这个逻辑。还有哪句话？"

　　李昊然又开始前后翻动这本书。洪乐举起手，不等马老师示意，开口说道：

在他看来，这些人拿了一个真理在身边，然后只遵照这一个真理，活了一辈子。于是乎，人成了畸人，怀抱的真理成了谬误。

大家禁不住笑了起来，因为李昊然又开始了肢体的舞蹈。马老师只是笑了笑，然后走过去，按住了李昊然的肩膀。

"小心，别抓住真理，一不留神就成了畸人。"大家哗然一笑。屏幕上两段文字罗列在一起。"现在，我们先不急着理解这两段话。为什么真理能够造出来，为什么于是乎，人就成了畸人。我们借助第一个故事来理解这段话吧。因此，我们需要再次读一遍《手》这个故事。五分钟，请带着这两句话快速重读。"

五分钟后，我发现自己的桌子上多了一张红色的纸条。而我旁边，王渺面前，则是一张蓝色。

"接下来，请注意听你们的任务：找到同颜色的伙伴，组成一个小组，然后完成这两个讨论：

1. 借助翼·比德尔鲍姆的故事，理解这两段话：

世上本没有真理，只有各种各样的想法。人们拿许多还不成熟的想法拼啊凑啊，造成了真理。然后真理越来越多，充满了世界的各个角落。所有的真理都很迷人。

这些人拿了一个真理在身边，然后只遵照这一个真理，活了一辈子。于是乎，人成了畸人，怀抱的真理成了谬误。

2. 提出一个和这个故事有关的问题。

"我们刚好是九个人，所以是三个小组。开始吧。"

九个人，谁没有来呢？我环顾四周，突然听到白江宏的叫声，红色组，你是红色组吗？我是。我走过去。是田芳没有来。白江宏、彭子涵、我，红色组。

我看见彭子涵的书上落着许多划线和文字。

我等着他们俩开口。

"第一个问题，我们先要搞清楚比德尔鲍姆怀抱了什么真理，然后才是为什么这个真理变成了谬误。"

"他认为自己的'手'闯了祸。"

"但实际上是个误会，对吧？作为一个老师，他热爱自己的学生，难免会有一些肢体接触。就像我们身边，大人总是会用手摸我们的脑袋。但一个孩子梦里的话让家长们以为比德尔鲍姆伤害了自己的孩子，这才把他痛打一顿，甚至要吊死他。"白江宏的目光依次望向我们两个。

"是个误会，但不重要。重要的是他相信自己的手闯了祸，也就是当成了一种真理。所以他就变成了那个样子，把自己的手藏起来，或者惩罚这双手。就这样，在温士堡过了二十年。"

白江宏看了我一眼。我还是没有说话。

"但是，为什么他要怀抱这个真理呢？这个真理迷人？这说不通啊。沈青，你觉得呢？"

我苦笑着，摇了摇头。彭子涵翻开书，试图寻找线索。

"是不是可以这样理解，比德尔鲍姆遭遇了暴力甚至死亡的威胁，但他不明白为什么会这样。'手'是他能够抓住的唯一的理由。有一个理由来解释这种遭遇会让他产生些许安慰。迷人并不是字面意思，而是指真理具有诱惑力。人们难以抵抗。就像这个时候，'手'充当借口，让生活变得可以持续下去。"

"就好像，"彭子涵继续说道，"是他的'手'犯了错误，而不是他自己。借由惩罚自己的'手'，过去的遭遇变得可以接受了，生活可以继续下去了。"

"对，"白江宏说，"这也能解释为什么他的'手'仿佛不属于他自己一样。并且时间久了以后，当过去的这件事情已经淡了，对'手'的警惕和惩罚却成为了一种强迫，也就是真理变成了谬误，比德尔鲍姆变成了畸人。"

彭子涵点点头。白江宏望了我一眼，怀带着困惑。

"所以，我们提出一个什么问题呢？"

"他真的是一个畸人吗？"我开口了。

子涵笑了笑，说："同意，这是一个好问题。"

"我没理解，什么意思？"

"不解释，"我顽固地说，"解释就没意思了。"

"对，你自己试着回答一下。"彭子涵附和道。

响起了马老师叫停的声音。"接下来，请每位同学，分别找到不同颜色纸条的其他同学组成新的小组，保证每个小组中都有红白蓝三色，然后依次提出问题，由另外两位同学回答。"

蓝白红，李悠悠、王渺和我。

首先是李悠悠的问题："比德尔鲍姆的悲剧究竟是什么造成的？两位同学谁来回答一下？"她眨着眼睛望向我们，"要不沈青同学先试一试吧。"

"我首先想到的是误会。那位父亲不调查清楚

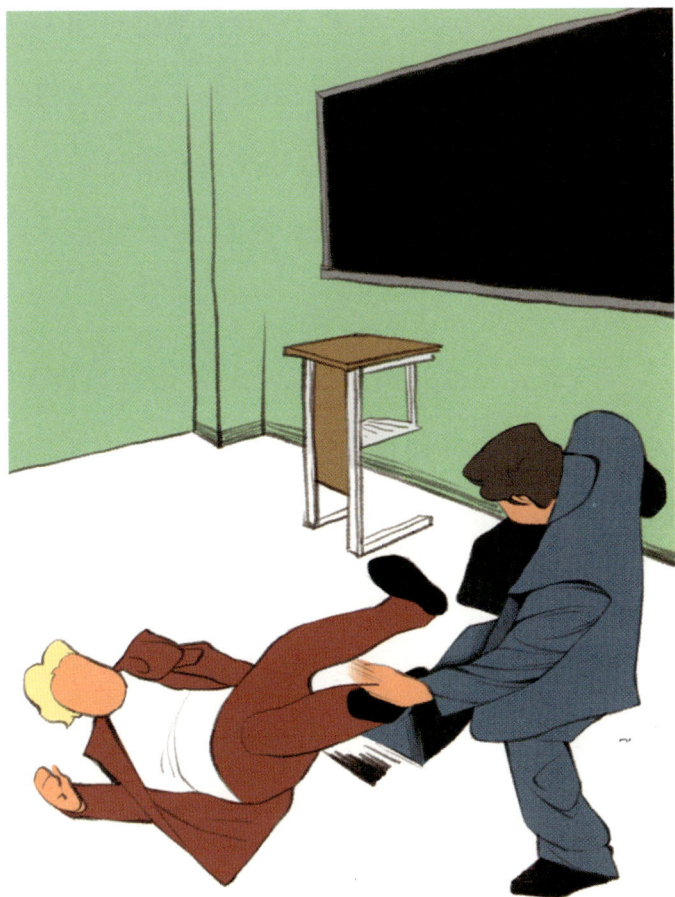

就愤怒地听信了孩子的胡言乱语。他们也根本没有给比德尔鲍姆任何辩解的机会。不过更糟糕的一点是，那个小镇没有司法机构吗？居民们怎么有权力如此暴力地对待比德尔鲍姆呢？甚至要动用死刑把他吊死。"

"我看过一部电影，"王渺说，"剧情和这个故事很像。名字叫作《狩猎》？记不太清了。那个故事讲述的也是一个学生指控老师性骚扰自己，而且是一个很小的女孩。于是，所有居民都变成了道德的审判者。不管老师如何辩解，甚至最后那个女孩都已经解释说自己撒谎了，他依旧被小镇的居民们攻击。所以，比德尔鲍姆的悲剧不仅仅是一个误会。怎么说呢？也许每个人巴不得自己能够抓住别人的什么把柄，站在道德的制高点上，审判别人，不管这个把柄是不是真的。"

我们陷入思考，悠悠记下了电影的名字。

"所以，我的答案是，比德尔鲍姆的悲剧是人性造成的。不过这个问题没太大意思。来听一下我们小组万众一心想出来的问题吧：那个学校里的傻孩子究竟说了什么？"

李悠悠扑哧一声笑了出来。"当真是你们小组三个人一致同意的问题？"

"当然，大家都很好奇。"

"但是只能想象。"我也笑了。

"原文说的是'他幻想着坏不堪言的事情，早上便把他的梦影当作事实径直说了出来。他不严实的嘴里蹦出奇怪而骇人的指控……’，所以，大概是说老师的手如何抚摸他的肉体？”

王渺意味深长地点了点头。“真是个傻孩子。怎么能把梦里的事儿和别人说呢。多难为情呀。好了，沈青，说一下你们的问题吧。”

“翼·比德尔鲍姆真的是畸人吗？或者说，换一个通俗的说法，他真的不正常吗？”

“题目叫作小城畸人，第一个故事就是他，难道还不是畸人？”

悠悠想了一会儿，说道：“逻辑是这个逻辑。但我想这个问题是抛给我们读者的。就是说，我们是否和小镇里的某些人，或者和乔治·威拉德一样，认为比德尔鲍姆不正常？尤其当我们了解到他不为人知的故事以后。我的答案是否定的，他没有不正常。如果我们遭遇了同样的事情，那种误会和暴力，我想我们也没办法释怀。我觉得，这本书在试图改变我们的偏狭，或者我们在生活中粗暴的判断。不要仅仅看到一个人和我们不一样就排斥他，甚至攻击他。每个人都有他自己曲折的故事。"

王渺把手放在悠悠肩膀上。"我被你打动了，朋友。不过，我们要怎么样才能避免你所说的粗暴的判断呢？"

"这就是另外一个好问题了，"我插嘴说道，"我试着分享一下我的答案吧。我觉得要尽可能多地去了解别人，多聆听，多换位思考。也许误解难以避免，但尽量清醒地后退，不人云亦云。比如回到故事里面，当传出谣言的时候，去听一听比德尔鲍姆的说法，听一听孩子们更多的声音。或者，回忆一下，他过去一直是一个好老师。这个一定很重要。对吧？"

马老师首先让两位同学分享了对第一个问题的思考，然后让大家重复了另外三个问题和回答。不用说，王渺小组的问题像投入湖水中的石头，激起了一波又一波笑声。这个年龄当然对性的话题充满了好奇，尽管想象那个时刻有点伤害到可怜的比德尔鲍姆。

不过，讨论之后，大家基本上站在了比德尔鲍姆身边。"虽然我认为他应该从过去的阴影中走出来。但是不幸就是不幸，我们首先需要给出的是自己的同情。"冉思睿这样说道。

"《手》这一篇有着相当引人注目的细节描写。就像白江宏说的那样，手竟然像是具有了生命力。这当然是作者的描写制造的效果。我们没办法在这里停留，所以欢迎感兴趣的同学重新阅读这些内容，自己体会一下。现在，我们要来到第二个故事面前了。请大家找到《历险记》这一篇。还记得这个故事的内容吗？"

"一个女人，被自己的男朋友抛弃后，越来越孤独，"李昊然右手上下挥动，像在指挥一支看不见的乐队，"于是在一个雨天，什么衣服都没穿就跑了出去。"

"多么奇怪的女人，对吧，竟然在雨中裸奔。不过，我们还需要一些细节，怎么？洪乐又没读书？"

洪乐严肃地点着头，然后右手拍在脑门上，不好意思地低下了脑袋。

"那可真是可惜了。沈青，你还记得女主人公叫什么名字吗？"

"爱丽丝，"我一边说，一边低头看着刚刚翻到的篇章，"爱丽丝·欣德曼。"

"爱丽丝是怎么一步步走到最后的时刻的？能不能给我们提供更多细节？"

"爱丽丝的男朋友叫作内德·柯里，内德为了追求自己的理想，离开了小镇。走之前两个人成

为了情人，这是书里面的原话。爱丽丝一直在等着内德回来，但他始终没有回来。中间她也曾尝试着和一个人约会，但最终失败了。于是，她越来越孤独，越来越扭曲，最终在一个雨夜，裸着身子跑到了室外，碰到了一个耳聋的老人，才又回到了房间。"

"很好，在这些细节的帮助下，大家应该能够回忆起故事的更多线索。但我们首先还是要回到这个最重要的问题：爱丽丝拿了一个什么真理在身边，最终让自己变成了畸人？大家和身边的人稍微讨论一下吧。"

几分钟后，马老师让悠悠首先分享刚才的讨论。

"我们认为一个比较明显的观念，或者说真理，是爱丽丝的贞操观。爱丽丝认为在发生了那件事之后，她就再也无法和其他男人结婚了。她将永远是内德的妻子，尽管他们俩并没有结婚。但是爱丽丝认为自己的贞操给了这个男人，她就属于这个男人了。于是，她就带着这个真理开始了漫长的等待，以为内德也和她一样，把对方当作自己一生的伴侣。但是内德显然没有这样想。就这样，孤独把她吞没了，爱丽丝也就变得越来越奇怪。"

"我想补充一点，"我举起手，马老师同意后我继续说道，"在悠悠的基础上。这个古老的、吃人的贞操观是如何把一个人毁掉的呢？后来爱丽丝其实已经发现内德不会再回来了。按说这个时候可以开始新的生活了吧？不，她走向了另外一个极端，她不想要内德·柯里，不想要任何男人。在雨夜历险记之后，她抓住了一个新的真理：许多人必定独自生活，独自死去。也就是说，要么是内德，要么独自一人。内德始终是最重要的，因为她把自己的贞操给了他。"

"谢谢两位女孩子的发现。知道什么在伤害一个人对于我们理解人物非常重要，尤其是别人眼中的'畸人'。接下来让我们用另外一个角度来观看这个故事。小说讲述的是爱丽丝的情感世界，男人和女人之间的情感。刚才是女人的视角，现在我们试着来到男人的视角。大家觉得小说当中重要的男性角色有哪些呢？"

"内德·柯里，还有药店的伙计威尔·赫尔利，以及，爱丽丝的继父？"

"爱丽丝的继父在小说情节中是一个重要的角色吗？"

"不重要。"许多同学回应道。

"所以内德·柯里、威尔·赫尔利，还有吗？"

"那个老人。"

"哪个老人？"

"爱丽丝在雨中遇到的那个老人。"

"为什么这个老人重要呢？"

"因为他见证了爱丽丝的疯狂。"

"很好。现在我们有了三个重要的男性角色：内德·柯里、威尔·赫尔利和雨中的老人。接下来，我希望大家分别扮演这三个角色。彩色纸条还记得吧。那就蓝色扮演内德·柯里，白色扮演威尔·赫尔利，红色扮演雨中老人。接下来给大家七分钟的时间，请写下你的角色所认知的爱丽丝的形象。换句话说，以你们角色的口吻，第一人称来描述爱丽丝。写作时刻，开始吧。"

我不明白马老师想要带着我们走向何处。纸笔的骚动持续了一分钟。我让自己落到雨夜的温士堡，进入一个耳背的老人体内，试图用他的眼睛观看周围的世界。雨很大，我急着跑回家。突然，隐隐约约传来一声呼喊。声音被雨水击打得千疮百孔，试图挤入我破损的耳内。我回过头，看到不远处立着一个赤身裸体的女人。上帝呀……

首先是内德。蓝色组，李昊然。他试图让自

己的声音浑厚一些：

爱丽丝是一个好女孩。我发誓我没有想过要抛弃她。在芝加哥寒冷的夜晚，我每天晚上都要给她写信。爱丽丝，我的爱人，我在想着你，你也一定在想着我吧。我很孤独，我要靠我们相处的那些记忆活着。你是那么善良，那么坚强。但是，爱丽丝距离我太远了。我怎么能够仅仅依靠记忆生活呢？所以我必须忘记她。我知道她一直在惦记着我，她还爱着我。傻姑娘，忘了我吧，我不会回去了。希望你开始新的生活。

白色组没有人举手。老师叫了冉思睿。威尔·赫尔利如是说道：

　　我不理解她。这个爱丽丝究竟是一个怎样的女人呢？她总是沉默着。我们从药店出发的时候，她不说一句话；到了她住的地方，也不说一句话。时间能够改变的东西多么微小呀。我的爱她一定能够感觉到。声音、目光、姿态，所有的细节都在表达心意。但是爱丽丝呢？多么古怪的女人！她爱我吗？当然不，她的沉默，她的犹豫，以及最后那一天她冷漠的拒绝，我都看不到爱。但是，为什么她又会突然伸出一只手，为我抚平衣服上的褶皱呢？难道这是朋友间该有的动作吗？难道这不是爱人之间的行为吗？古怪的女人，她伤害了我。

最后一声控诉引发了大家的哄堂大笑。

到我们了，雨中老人们互相望了一眼。白江宏看着我，彭子涵也是。马老师叫了我的名字。我只好开始读：

声音，颤颤巍巍，和我一样老弱。我总是听不清。但那一天，我的的确确是看到了。尽管老了，我也知道那是怎么回事。一个疯女人，失去了理智，被欲望折磨，就那样一丝不挂地冲了出来。但她究竟在喊什么？从她歇斯底里的姿势上，我能够感觉到她病得不清。我是指脑袋这儿，精神上有了病。不然，一个女人怎么能够一丝不挂地出现在大街上呢？甭管那天雨有多大，这样做的人一定是个疯子。但是，她究竟在喊什么呢？哎，要是我能听见就好了，要是我能和她聊上几句就好了。

"谢谢三位同学带来的三种声音。不知道大家感觉到了没有，三个人眼中的爱丽丝越来越……"

"越来越古怪，"洪乐发言了，"也就是说，越来越像是一个畸人。"

"很好，洪乐，哪怕没有阅读故事都能感觉到这一点。那你再说说看，为什么会有这种差别？"

"因为从内德到赫尔利再到雨中老人，他们

对爱丽丝的了解越来越少。越往后，看到的爱丽丝越单一，也越狭隘。所以，是不是可以说，我们越深入地了解一个人，我们距离畸人就会越遥远？"

"哈，还帮我们总结了。谢谢洪乐。了解一个人是不是就可以远离畸人？或者说是不是越了解一个人，我们就不会认为这个人不正常了？这么简单吗？"

"老师，"白江宏说，"我认为重要的不是判断一个人究竟是正常还是不正常，而是在了解之后认识到一个人的复杂和脆弱，就像爱丽丝。在我们读完以后，当然会觉得她有不正常的地方，但更重要的东西是，我们理解了她，知道了她为什么会有这些举动，为什么会孤独，为什么会被困在错误的观念里。是的，重要的不是判断，而是理解。"

"**重要的不是判断，而是理解**。谢谢江宏还记得我们这句话。今天的课也该结束了。连续读了三篇有点苦的小说，还都是整本书，接下来两堂课我们先喘口气，阅读一下单篇的作品。这是明天的阅读材料，来自一本小说集。作家还很年轻。"

"老师，有多年轻？"李昊然喊道。

"肯定比你爸爸妈妈年轻，也就三十岁吧。"

"哦，那也不年轻了呀。"

马老师苦笑着摇摇头。

我拿到材料，看了一眼标题——《夜晚的潜

水艇》，作者陈春成。开头：1966年一个寒夜，博尔赫斯站在轮船甲板上……我一下子想起了第二节课博尔赫斯的那首诗《南方》。

　　大家陆陆续续地离开了。我想等悠悠一起。但她似乎并不着急。当只剩下我们两个的时候，她走到马老师身边。

　　"马老师，我们这本书就结束了吗？"

　　"是呀，下节课我们就要讨论陈春成的小说了。"

　　"感觉好浪费呀。这本书这么厚，还有那么多不错的故事。"

"你给这本书打几分？"

"满分。我很喜欢。"

"这才是最重要的，对吧？遇到一本自己喜欢的书。我们当然也可以十二节课只讨论这一本书，但那样，你很可能要错过另外几本好书了。"

悠悠遗憾地点了点头。

"我们必须做出选择。是吧，沈青？"

我笑嘻嘻地靠了过去。

"阅读是需要乐趣的。而阅读的乐趣首先就存在于阅读本身。希望以后有机会我们可以有更多时间深度阅读某一本好书。但现在，先让我们领略一下文学世界的无限风光吧。生活不能太单调了，不然很容易疲惫的。"

我们对视一笑，什么都没有说。

走出书店，街角处有一个瘦弱的男生端着吉他，在唱一首古老的民谣。我拉着悠悠听了半个小时。周末的作业有点多，但管它呢。温柔的海风，可真舒服。

图书在版编目（CIP）数据

X 书店：12 节虚构的语文课．伤害及被伤害 / 冯军鹤著；葛根汤绘 . -- 北京：北京科学技术出版社，2024.4（2024.8 重印）

ISBN 978-7-5714-3584-4

Ⅰ. X… Ⅱ. ①冯… ②葛… Ⅲ. ①作文课 – 中小学 – 教学参考资料 Ⅳ. ① G634.343

中国国家版本馆 CIP 数据核字（2024）第 010339 号

策划编辑：郑先子
责任编辑：郑宇芳
责任校对：贾　荣
封面设计：张挠挠　田丽丹
营销编辑：赵倩倩
图文制作：田丽丹
责任印制：吕　越
出 版 人：曾庆宇
出版发行：北京科学技术出版社
社　　址：北京西直门南大街 16 号
邮政编码：100035
电　　话：0086-10-66135495（总编室）
　　　　　　0086-10-66113227（发行部）
网　　址：www.bkydw.cn
印　　刷：北京盛通印刷股份有限公司
开　　本：787 mm×1092 mm　1/32
字　　数：31 千字
印　　张：3.5
版　　次：2024 年 4 月第 1 版
印　　次：2024 年 8 月第 2 次印刷
ISBN 978-7-5714-3584-4

定　　价：30.00 元